Louis Malle

Au revoir, les enfants

Adaptation de **Régine Boutégège**
Illustrations de **Gianni De Conno**

Member of CISQ Federation

CERTIFIED MANAGEMENT SYSTEM
ISO 9001

The design, production and distribution of educational materials
for the CIDEB (Black Cat) brand are managed in compliance
with the rules of Quality Management System which fulfils
the requirements of the standard ISO 9001

Secrétariat d'édition : Maria Grazia Donati
Rédaction : Paola Francesconi
Conception graphique : Sara Fabbri, Silvia Bassi
Mise en page : Annalisa Possenti
Recherche iconographique : Alice Graziotin

Direction artistique : Nadia Maestri

© 2017 Cideb
Première édition : Janvier 2017

Texte intéral adapté © Editions Gallimard, 1987

Crédits photographiques :
Shutterstock.com ; iStockphoto ; Dreamstime ; Enrica Scalfari / AGF :
4 ; Rue Des Archives / AGF : 5 (en haut), 81, 83 ; Mary Evans / AGF :
5 (en bas), 82 ; De Agostini Picture Library : 35, 36, 39; Three
Lions / Getty Images : 37 ; SZ Photo / Scherl / Bridgeman Images :
38 ; MONDADORI PORTFOLIO / RUE DES ARCHIVES / RDA : 67, 80 ;
WebPhoto : 68, 69 (en haut) ; MONDADORI PORTFOLIO / RUE DES
ARCHIVES / AGIP : 69 (en bas) ; BONNOTTE / Gamma-Rapho / Getty
Images : 79.

Pour toute suggestion ou information, la rédaction peut
être contactée à l'adresse suivante :

info@blackcat-cideb.com
blackcat-cideb.com

Imprimé en Italie par Italgrafica, Novara

Sommaire

DELF — Cette icône signale les activités de type DELF.

 **n. piste** LE TEXTE EST ENTIÈREMENT ENREGISTRÉ.

Louis Malle

Louis Malle est né en 1932 dans une petite ville du Nord de la France. Il passe une enfance aisée avec ses six frères et sœurs dans une famille bourgeoise.

La jeunesse

À la veille de la Seconde Guerre mondiale, la famille déménage à Paris, et le jeune garçon entre dans un collège jésuite. Il poursuit après la guerre de brillantes études en ligne avec les souhaits de sa famille : d'abord sciences politiques, puis il s'inscrit à l'Institut Des Hautes Études Cinématographiques. Il a 20 ans quand on lui propose de participer au tournage d'un film documentaire sur le monde sous marin : *Le monde du silence* (voir Dossier *Louis Malle et le cinéma*, page 79).

Ses débuts au cinéma

Son véritable premier film s'intitule *Ascenseur pour l'échafaud* (1957). On y trouve déjà les thèmes chers à Louis Malle : portrait sans générosité de la bourgeoisie, dont il dénonce l'hypocrisie et la mentalité. Ces thèmes se retrouvent dans *Vie privée*, et *Le souffle au cœur*.
Il s'intéresse au monde de l'enfance dès 1960, avec *Zazie dans le métro*. Zazie, au cours de ses mésaventures parisiennes, jette un œil critique et amusé sur le monde des adultes. En 1973, *Lacombe Lucien*, film qui affronte le thème de la collaboration pendant la Seconde Guerre mondiale, suscite un véritable scandale. Louis Malle quitte alors la France pour vivre aux États-Unis, où il se sent plus libre.

Les dernières années

Il revient en France en 1987 pour tourner *Au revoir, les enfants* (voir Dossier *Au revoir, les enfants* au cinéma, page 67), un autre film ayant pour protagonistes des enfants. Mais cette fois-ci, ce sont des enfants confrontés à la violence, à l'absurdité de la guerre et à la persécution des juifs.

Louis Malle est décédé en 1995 à Beverly Hills où il vivait avec sa famille.

La petite Catherine Demongeot est Zazie.

Une scène du film *Au revoir, les enfants*.

Compréhension écrite

1 Lisez la biographie de Louis Malle, puis complétez sa fiche.

Nom	....
Prénom	....
Année de naissance	....
Etudes	....
Films	....
Thèmes	....
Date et lieu de son décès	....

2 Dites si les affirmations sont vraies (V) ou fausses (F).

                                                              V F

1 Louis Malle a fait des études pour travailler dans le cinéma.

2 Son premier film s'intitule *Zazie dans le metro*.

3 Il a tourné deux films qui se passent pendant la Seconde Guerre mondiale.

4 Après *Lacombe Lucien*, il est parti aux États-Unis et il n'est plus jamais revenu en France.

5 *Au revoir, les enfants* se base sur un souvenir d'enfance.

6 *Lacombe Lucien* est un film sur la résistance.

Personnages

De gauche à droite et de haut en bas : **Madame Quentin, Père Jean, François Quentin, Négus, Joseph, Julien Quentin et Jean Bonnet.**

7

Avant de lire

1 Les mots suivants sont utilisés dans le chapitre 1. Associez chaque mot à l'image correspondante.

a Un manteau de fourrure

b Une cape

c Un moine

d Une usine

e Un oreiller

f Une lampe de poche

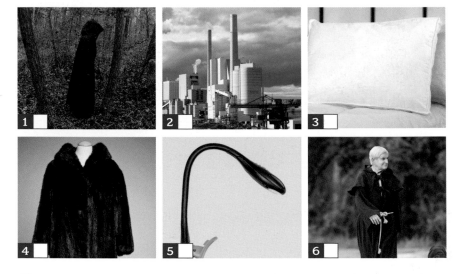

2 Ces expressions sont dans le chapitre. Cochez la phrase qui a le même sens.

1 Sa mère le gronde.

    a ☐ Elle lui fait des compliments.

    b ☐ Elle lui fait des reproches.

2 Il ne rate pas une occasion.

    a ☐ Il profite de toutes les occasions.

    b ☐ Il laisse passer les possibilités.

3 Pour faire une blague.

    a ☐ Pour s'amuser, pour rire.

    b ☐ Pour faire du mal.

Retour au collège

e 3 janvier 1944, Madame Quentin accompagne ses
deux fils à la gare de Lyon. Il fait froid, elle porte un long
manteau d'une vilaine[1] fourrure, elle est mal maquillée :
c'est difficile de rester élégante pendant la guerre. Les
vacances de Noël sont terminées ; Julien et François doivent
retourner au Petit Collège Saint-Jean-de-la-Croix, au couvent des
Carmes, dans une petite ville d'Île-de-France, au sud de Paris.
Julien porte déjà l'uniforme du pensionnat : un chandail[2] bleu
marine, une cape noire et des culottes courtes. Il a 12 ans, il n'a
pas encore l'âge du pantalon, comme son frère aîné qui a déjà 16
ans. Julien s'efforce de retenir ses larmes ; sa mère essaie de le
réconforter :

---

1. **vilaine** : de mauvaise qualité.
2. **un chandail** : un pull-over en laine.

— Julien, tu m'as promis de ne pas pleurer.

— Mais je ne pleure pas !

— Ça va passer vite. Je viendrai te voir dans trois semaines... il va y avoir Mardi gras, tu pourras sortir. Et puis nous t'écrirons papa et moi...

Les larmes brillent dans les yeux de Julien.

— Ce n'est pas vrai, ça ne passera pas vite !

Le contrôleur siffle. Les voyageurs montent dans les wagons en bois. Il y a beaucoup de camarades de pension de Julien et de François. Ce dernier, la cigarette à la bouche, s'approche de son frère et de sa mère. Il se moque gentiment d'eux :

— Allez, c'est fini, les mamours[3] ! Il faut y aller.

Sa mère le gronde :

— François je t'interdis de fumer !

— Mais ce n'est pas du vrai tabac, maman ! Vous savez bien qu'on ne trouve plus de vrai tabac à Paris !

Il embrasse rapidement sa mère, et monte dans le train avec un copain. Madame Quentin se penche vers Julien, et lui colle un baiser qui laisse sur la joue du petit garçon la trace rouge de ses lèvres. Elle l'entraîne vers la porte du compartiment. Julien la serre une dernière fois dans ses bras, avant de monter. Le contrôleur siffle, agite son drapeau vert. Le train s'ébranle dans un nuage de fumée.

Pendant le trajet, Julien regarde défiler le paysage d'hiver, à travers les vitres givrées[4] et la fumée noire de la locomotive. Il n'a pas envie de se mêler aux jeux et au chahut[5] des jeunes Parisiens

---

3. **les mamours** : (langage enfantin) les gestes de tendresse.
4. **givré** : recouvert d'une fine couche de glace.
5. **le chahut** : le désordre, le bruit produit par un groupe de personnes.

qui comme lui rentrent au pensionnat. Il se regarde dans la vitre, il efface la trace du rouge à lèvres sur sa joue et laisse enfin les larmes couler.

Le Père Michel est venu attendre les pensionnaires à la gare. C'est un jeune moine sympathique, rondouillard[6]. Les enfants l'aiment bien et ont l'habitude de se moquer gentiment de lui : ils l'appellent « la Mère Michel », et lui chantent la chanson de leur enfance : « C'est la Mère Michel qui a perdu son chat... »

Il salue Julien.

— Alors Julien, vous avez passé de bonnes vacances ?

Julien n'a pas envie de parler. Il répond seulement :

— Oui, mon Père.

— Et vos parents, ils vont bien ?

— Oui, mon Père.

En réalité Julien n'a pas vu son père pendant les vacances. Il sait qu'il travaille à Lille, où il a une usine, et que les affaires vont mal depuis le début de la guerre. Ça ne lui laisse pas le temps de s'occuper de sa famille.

Les quarante pensionnaires et le Père Michel, qui a les pieds nus dans ses sandales malgré le froid, remontent la rue qui mène au pensionnat, un ancien couvent. Ils ont tous le même uniforme, ils chantent une chanson scoute.

Ils croisent deux soldats allemands, qui se mettent de côté pour les laisser passer. Ils n'y font pas attention, ça fait quatre ans maintenant que la France est occupée, les uniformes de la Wehrmacht font partie du quotidien.

---

6. **rondouillard** : un peu rond, un peu trop gros.

Arrivés au collège, les jeunes garçons montent dans leur dortoir, pour ranger leurs affaires dans les casiers le long des murs, à côté des lits alignés. Dans le dortoir de Julien il y a Boulanger, un garçon très corpulent qui supporte mal les restrictions alimentaires ; Ciron, un grand échalas[7] qui ne rate pas une occasion de faire le pitre[8] ; Sagard, qui affiche clairement les idées pétainistes[9] de sa famille.

Julien sort de son sac des confitures et un kilo de sucre que sa mère lui a donnés. Ciron, pour faire une blague, saisit un pot de confiture et dit en prenant l'accent allemand :

— Ach ! Marché noir, Monsieur Quentin. Che vous arrête.

Julien n'a pas envie de plaisanter. Il poursuit Ciron et récupère son pot de confiture.

Le chahut cesse quand le Père Jean entre dans le dortoir. Le Père Jean est le directeur du collège. Il a environ quarante ans. Il est accompagné de trois jeunes garçons, qui ne portent pas l'uniforme du collège. Ce sont des nouveaux.

Le Père Jean s'approche d'un lit à côté de celui de Julien. Le surveillant, Moreau, les a rejoints.

— Ce lit est libre, n'est-ce pas ? lui demande le Père Jean.

— Oui, mon Père, répond Moreau.

— Mettez-vous là mon petit, dit alors le Père Jean, tourné vers le plus jeune des trois nouveaux. Puis il s'adresse à tous les enfants :

— Mes enfants, je vous présente Jean Bonnet, votre nouveau camarade. Bonsoir, les enfants.

— Bonsoir, mon Père, répondent en chœur les pensionnaires.

---

7. **un grand échalas** : un garçon grand et maigre.
8. **faire le pitre** : faire le clown, pour faire rire les autres.
9. **pétainiste** : partisan du maréchal Pétain, qui collabore avec l'occupant nazi. Voir Dossier *La France pendant la Seconde Guerre mondiale*, page 35.

Puis il sort du dortoir, avec les deux nouveaux plus âgés : les adolescents Dupré et Lafarge.

En signe de bienvenue, les enfants lancent un oreiller à la figure de Bonnet. Puis ils se moquent de son nom. Les plaisanteries et les éclats de rire résonnent dans le dortoir.

— Bonnet... Bonnet de nuit !

— Bonnet... Bonnet d'âne !

Moreau ramène vite le calme.

— Laissez-le tranquille ! Et déshabillez-vous ! Au lit !

Julien observe Bonnet. Il range ses affaires, il sort plusieurs livres de son sac. Bonnet se tourne vers lui et demande :

— Comment tu t'appelles ?

— Je m'appelle Julien Quentin, et si on me cherche on me trouve, répond brusquement Julien.

Tout à coup, la lumière s'éteint. Les enfants sont habitués aux coupures de courant, ils ont tous des lampes de poche. Ils n'ont pas peur, pour eux c'est comme un jeu, ils se remettent à chahuter[10].

Moreau doit hurler à nouveau :

— Mettez-vous au lit !

Julien prend un livre sur sa table de nuit et se couche. Il s'enfonce sous ses draps, et éclaire son livre avec sa lampe de poche.

---

10.   **chahuter** : faire du chahut, du bruit.

Après la lecture

Compréhension écrite et orale

piste 02

1 DELF Écoutez l'enregistrement et lisez le chapitre, puis cochez les affirmations exactes.

1 ☐ L'histoire se passe pendant la Première Guerre mondiale, après les vacances de Noël.

2 ☐ Julien et François Quentin sont deux frères.

3 ☐ François est l'ainé.

4 ☐ François est très triste de quitter sa mère.

5 ☐ Dans ce train, il y a beaucoup d'adolescents qui rentrent au collège.

6 ☐ Le collège de Julien et François est un collège religieux.

7 ☐ Au pensionnat, chaque élève a une chambre individuelle.

8 ☐ Le directeur du collège s'appelle le Père Jean.

9 ☐ Il présente trois nouveaux élèves qui viennent d'arriver.

10 ☐ Les trois nouveaux s'appellent Bonnet, Dupré et Moreau.

piste 03

2 DELF Écoutez l'enregistrement, puis cochez le nom de la personne qui prononce ces phrases.

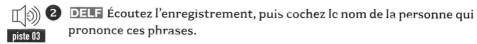

	Mme Quentin	Julien	François	Le Père Michel	Le Père Jean	Moreau	Ciron
1							
2							
3							
4							
5							
6							
7							
8							

Avant de lire

1 Les phrases suivantes sont utilisées dans le chapitre 2. Choisissez l'illustration correspondante.

1 Ils bavardent.

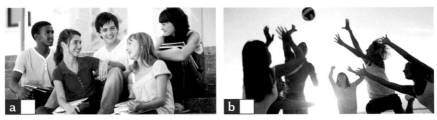

a ☐   b ☐

2 Il est monté sur des échasses.

a ☐   b ☐

3 Il a un genou écorché.

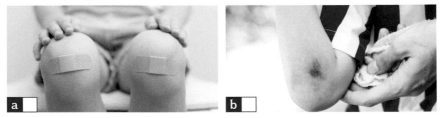

a ☐   b ☐

4 Elle épluche des légumes.

a ☐   b ☐

La vie au pensionnat

 e matin, les pensionnaires font une toilette rapide. Ils sautillent d'un pied sur l'autre pour se réchauffer. L'eau est glaciale. De petites stalactites se sont formées la nuit et pendent des robinets les plus froids, près des fenêtres.

Bonnet s'étonne :

— Il n'y pas d'eau chaude ?

— Non, répond brutalement Boulanger. Il prend une stalactite et la glisse dans le col de la chemise de Bonnet.

Puis les garçons se rassemblent dans l'église pour la messe, célébrée tous les matins par le Père Jean. Ils sont encore à jeun[1] pour pouvoir communier s'ils le veulent. Boulanger, malgré sa corpulence, est pris d'un vertige, et tombe dans les pommes[2]. Moreau et des

---

1. **être à jeun** : ne pas avoir mangé depuis un certain temps.
2. **tomber dans les pommes** : perdre conscience, s'évanouir.

moines se précipitent pour le relever et l'entraîner hors de la chapelle. Au fond, les trois nouveaux regardent sans comprendre.

Après le petit déjeuner les cours commencent. Bonnet est en quatrième, dans la même classe que Julien. Il découvre ses nouveaux professeurs : Monsieur Tinchaut, le professeur de français, Monsieur Guibourg, le prof de maths et Mademoiselle Davenne, la jolie jeune femme qui vient à bicyclette donner des cours de piano.

Pendant la récréation tous les pensionnaires se rassemblent dans la cour. Les plus grands bavardent, en sautant d'un pied sur l'autre pour se réchauffer, les autres jouent. Montés sur des échasses, ils se défient dans un tournoi chevaleresque. Julien vient de renverser un adversaire. Il triomphe.

— Je suis Bayard, le Chevalier sans peur et sans reproche !

Mais Laviron, un garçon plus grand et plus fort que lui, le renverse et le fait tomber d'un brusque coup d'épaule. Julien a le genou écorché.

Un nouveau, un des garçons arrivés la veille, défie Laviron.

Il lui crie :

— Je suis Négus, le Chevalier noir, le protecteur des faibles et des orphelins.

Laviron réplique :

— Moi je suis Richard Cœur de Lion, je vais te bouter hors de Jérusalem.

Négus tourne autour de lui et le charge. Tous les élèves font cercle pour regarder le tournoi, et encouragent l'un et l'autre des combattants.

Bonnet crie :

— Allez Négus !

— C'est son vrai nom, Négus ? demande Julien. Tu le connais ?

— Oui, dit Bonnet. Son vrai nom, c'est Lafarge et c'est mon meilleur ami.

Le Père Michel siffle la fin de la récréation. Quand il voit le genou sale et écorché de Julien, il lui ordonne :

— Va à la cuisine, Madame Perrin va te nettoyer ça !

Madame Perrin est une grosse dame toujours plus ou moins ivre. Elle est à la fois cuisinière et infirmière au pensionnat. Elle lave le genou de Julien, et met du vinaigre sur la plaie, pour la désinfecter. Julien hurle de douleur.

— Mais tiens-toi tranquille, ça fait pas mal ! Attends, je vais te mettre un sparadrap[3].

Joseph est dans la cuisine. C'est un jeune Parisien de 17 ans. Il est au service du collège et aide Madame Perrin. Il boite, parce qu'il a une jambe plus courte que l'autre. C'est le souffre-douleur[4] de tous les pensionnaires, qui ne perdent pas une occasion de se moquer de lui.

Il est en train de parler à voix basse avec un pensionnaire qui lui donne une boite de bonbons contre un billet de banque.

— Hé, lui dit Joseph ! Tu dois me rendre la monnaie !

Mais le pensionnaire est déjà parti. Joseph voudrait courir derrière lui, mais avec sa jambe trop courte, il ne peut pas.

Madame Perrin le rappelle.

— Joseph ! Tu dois éplucher les légumes !

Julien s'approche de lui, et lui demande :

— Tu as des timbres ?

— Oui... mais toi qu'est-ce que tu me donnes ?

— De la confiture.

---

3. **un sparadrap** : du ruban adhésif que l'on met sur une blessure.
4. **un souffre-douleur** : une personne avec qui tout le monde se comporte mal.

— De la confiture ? D'accord, je peux la revendre à la femme du docteur. On se voit après le déjeuner.

Julien rejoint tous ses camarades rassemblés dans le réfectoire. Les moines, les professeurs et les surveillants sont autour de la table du fond. Le Père Jean se lève et dit :

— Je rappelle à ceux qui ont des provisions personnelles qu'il faut les partager avec vos camarades.

Les paniers avec les provisions personnelles sont en bout de table. Babinot prend une boite :

— J'ai des sardines... Qui en veut ?

— Moi, j'ai du saucisson... c'est du cheval... vous en voulez ? demande Rollin.

Boulanger prend son pot de pâté, tartine son pain et le referme, malgré les protestations de Ciron :

— Tu dois partager ! C'est le Père Jean qui l'a dit !

— Non, c'est à moi ! Tes parents n'ont qu'à t'envoyer des colis[5] !

Puis le surveillant Moreau passe entre les tables, il a une boîte de fer blanc à la main :

— Biscuits vitaminés ! Qui en veut ?

À la fin du repas, Julien monte au dortoir, ouvre son casier et prend un pot de confiture. Puis il va chercher Joseph. Il le trouve dans une petite basse-cour, en train de donner à manger à trois cochons.

Julien lui demande :

— Tu as les timbres ?

— Oui... tiens, c'est un Madagascar, il parait qu'il est rare.

— Oui, dit Julien, mais c'est pas assez pour un pot de confiture.

— T'es un vrai juif, toi ! dit Joseph. Il lui tend une autre enveloppe avec un autre timbre.

Julien les prend, et lui donne le pot de confiture.

---

5. **un colis** : un paquet envoyé par la poste.

Après la lecture

Compréhension écrite et orale

1 **DELF** Écoutez l'enregistrement et lisez le chapitre, puis cochez l'affirmation exacte.

piste 04

1 Le matin
   a ☐ il fait bon.   b ☐ il fait froid.
   c ☐ il fait chaud.

2 Les enfants
   a ☐ prennent leur petit déjeuner, puis vont à la messe.
   b ☐ vont à la messe, puis prennent leur petit déjeuner.
   c ☐ vont à la messe, puis en cours.

3 Bonnet et Julien sont en
   a ☐ quatrième.   b ☐ sixième.
   c ☐ cinquième.

4 Mademoiselle Davenne est professeur
   a ☐ de maths.   b ☐ de piano.
   c ☐ d'anglais.

5 Pendant la récréation, les plus petits jouent
   a ☐ au tournoi médiéval.   b ☐ au foot.
   c ☐ à cache cache.

6 Négus en réalité s'appelle
   a ☐ Bonnet.   b ☐ Quentin.
   c ☐ Lafarge.

7 Julien va voir Madame Perrin pour
   a ☐ prendre son goûter.   b ☐ désinfecter son genou.
   c ☐ jouer aux cartes.

8 Julien échange un pot de confiture contre
   a ☐ un voyage à Madagascar.   b ☐ des timbres.
   c ☐ un ballon de foot.

Enrichissez votre vocabulaire

2 Les repas de la journée. Associez chaque repas à l'heure à laquelle on le prend.

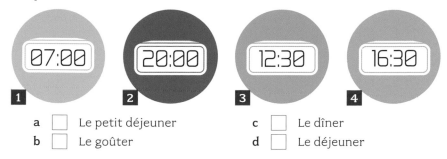

1 07:00   **2** 20:00   **3** 12:30   **4** 16:30

a ☐ Le petit déjeuner   c ☐ Le dîner
b ☐ Le goûter   d ☐ Le déjeuner

3 Les aliments et les magasins. Associez chaque aliment au magasin où on peut l'acheter.

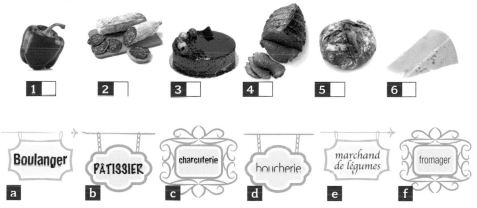

1 ☐   **2** ☐   **3** ☐   **4** ☐   **5** ☐   **6** ☐

a Boulanger   **b** PÂTISSIER   **c** charcuterie   **d** boucherie   **e** marchand de légumes   **f** fromager

Compréhension orale

piste 05

4 **DELF** Écoutez l'enregistrement. Dans quels magasins Philippe doit aller ?

1 ☐   **2** ☐   **3** ☐   **4** ☐   **5** ☐   **6** ☐

Grammaire

Le comparatif

	Comparatif de qualité	Comparatif de quantité
Supériorité	**Plus + adjectif ou adverbe + que** *Il a une jambe plus courte que l'autre.*	**Plus de … que (de)** *Julien reçoit plus de colis que ses amis.*
Égalité	**Aussi + adjectif ou adverbe + que** *Négus est aussi courageux que Bonnet.*	**Autant de … que (de)** *François mange autant de biscuits que Julien.*
Infériorité	**Moins + adjectif ou adverbe + que** *Joseph cours moins vite que François.*	**Moins de … que (de)** *Dans ces confitures, il y a moins de fruits que de sucre.*

Attention ! Le deuxième terme de la comparaison est introduit par **que**. Certains adjectifs ou adverbes ont un comparatif irrégulier :

Bien → Mieux   Bon → Meilleur   Mauvais → Pire

5 Complétez ces phrases comparatives.

1 En ville, les voitures doivent rouler .... vite .... sur l'autoroute.

2 Le prof de maths nous donne .... devoirs .... le prof d'anglais.

3 Il y a .... filles qui jouent au foot .... de garçons.

4 C'est un grand champion de course à pied. Il est .... rapide .... tous ses adversaires.

5 Jean travaille très bien à l'école, mais Julien travaille encore .... lui.

6 Le gâteau au chocolat est très bon, il est .... le gâteau à la confiture.

Production écrite et orale

6 DELF Les jeux de la récréation : à quel(s) jeu(x) aimiez-vous jouer pendant la récréation quand vous étiez plus petits? Racontez.

Avant de lire

1 Les mots suivants sont utilisés dans le chapitre 3. Associez chaque mot à l'image correspondante.

a Une bougie

b L'étoile jaune

c Une baignoire

d Une cloche

e Une serviette de bain

f Une cave

g Une pancarte

h Les cheveux mouillés

i Un pupitre

1

2

3

4

5

6

7

8

9

Bonnet

onnet est un bon élève. Ce matin, c'est lui qui a eu la meilleure note au devoir de français. Il joue très bien du piste 06 piano, mieux que Julien, et Mademoiselle Davenne est toute contente de l'écouter.

Cet après-midi, en cours de maths, Monsieur Guibourg vient de dessiner un quadrilatère au tableau.

Il demande :

— Qui peut me montrer que dans ce quadrilatère la somme des deux côtés opposés AB plus CD est égale à la somme des deux autres BC plus DA ?

Plusieurs mains se lèvent.

— Vous, le nouveau ! dit Monsieur Guibourg à Bonnet.

Bonnet va au tableau et commence sa démonstration.

Une sirène l'interrompt.

— Chouette[1], une alerte ! s'exclame un élève. Les enfants se lèvent, ravis et excités.

Monsieur Guibourg ramène le calme :

— Nous allons descendre à l'abri. Prenez vos livres, le cours n'est pas fini.

Les élèves sont habitués, ils descendent en plaisantant et en se poussant dans l'immense cave de l'ancien couvent.

Monsieur Guibourg essaie de reprendre son cours.

— Ouvrez votre livre, page 52 !

Mais la faible lumière du plafond s'éteint.

Julien sort sa lampe de poche et la dirige vers son livre. Bonnet demande à Julien de l'éclairer. Il veut lire son livre lui aussi. Julien s'écarte un peu. On entend les bruits des bombes, de plus en plus rapprochés.

Les enfants ont peur.

— Ils bombardent la gare, dit l'un.

— Non, dit un autre. C'est la caserne.

Le Père Michel intervient :

— Calmez-vous ! Asseyez-vous !

Puis il commence une prière, que les enfants récitent avec lui.

Le soir avant de se coucher, les élèves finissent leur prière du soir, et font le signe de croix.

Julien observe Bonnet avec curiosité : il n'a pas fait le signe de croix.

Quand il veut se faufiler dans son lit, il ne peut pas allonger les jambes sous le drap. Ses camarades ont encore fait son lit en portefeuille.

Il se met en colère, ce qui fait rire encore plus les pensionnaires.

---

1.   **Chouette !** : exclamation qui marque la joie.

CHAPITRE 3

Moreau ramène le calme et tous les enfants se couchent.

Le jour suivant, après les cours, le Père Hippolyte surveille l'étude en somnolant.

Les enfants sont distraits, ils ne font pas leurs devoirs. Julien regarde sa collection de timbres, Bonnet lit une lettre. Son voisin, pour lui faire une blague[2], la lui arrache des mains.

Bonnet veut la lui reprendre, mais la lettre passe de main en main.

Les rires des enfants réveillent le Père Hippolyte, qui ordonne à Bonnet d'aller à sa place, et de se tenir tranquille.

La lettre est arrivée à Julien. Il lit la feuille.

« Mon petit chéri, comme tu comprends bien, il m'est très difficile de t'écrire. Monsieur D. allait à Lyon, et il a bien voulu poster cette lettre. Nous sortons le moins possible ta tante et moi… »

La cloche de la fin de l'étude sonne. Les élèves se précipitent dehors. Julien laisse tomber la lettre sur le pupitre de Bonnet, et lui dit :

— Elle a pas la conscience tranquille, ta mère.

Le lendemain, comme tous les jeudis après-midi, le Père Michel accompagne les enfants aux bains-douches de la ville.

Ils marchent deux par deux, une serviette de bain sur le bras. Babinot et Boulanger parlent de la guerre.

— Si on n'avait pas Pétain, on serait dans la merde, dit le premier.

— Moi, dit Boulanger, mon père dit que Laval est vendu aux

---

2. **une blague** : une plaisanterie, une action faite pour rire et faire rire.

Allemands.

Sagard intervient :

— Les Juifs et les communistes sont plus dangereux que les Allemands.

Derrière, Bonnet et Quentin marchent côte à côte. Julien lit *Les trois mousquetaires*.

— C'est bien, *Les trois mousquetaires* ! affirme Bonnet. Tu en es où ?

— Quand ils jugent Milady.

— Quelle salope cette Milady !

Julien le regarde, et lui demande :

— Plus tard qu'est ce que tu veux faire ?

— Je ne sais pas, peut-être des maths... répond Bonnet.

Les enfants arrivent à l'entrée des bains douches.

Un policier français est devant la porte, sur laquelle est clouée une pancarte : « Cet établissement est interdit aux juifs. »

Les vestiaires sont pleins. Quatre soldats allemands s'habillent et parlent très fort.

Bonnet s'assoit entre deux soldats. L'un deux lui caresse la joue en riant.

Les soldats partis, les enfants se déshabillent.

Le Père Michel en envoie certains sous la douche, il attribue à d'autres une baignoire.

Quand les enfants sortent, un vent glacé souffle. Ils ont les cheveux mouillés, et battent les bras contre leur poitrine pour se réchauffer.

Un jeune homme en veston sort de l'établissement en même temps qu'eux. Il enfile son manteau, qui porte une étoile jaune.

— Il a du culot[3] celui là ! s'exclame Babinot.

— Vite, il fait froid ! dit le Père Michel.

Les enfants partent au pas de course vers le collège. L'un deux s'approche de Bonnet, et lui demande :

— C'est vrai que tu vas pas faire ta communion solennelle ?

— Oui, c'est vrai, répond Bonnet. Je suis protestant.

Julien intervient :

— C'est pas un nom protestant, Bonnet !

— Il faut croire que si ! lui répond sèchement Bonnet.

Le soir, Julien est sur le point de s'endormir quand il entend un son léger, persistant.

Il ouvre les yeux. Bonnet a mis deux bougies sur sa table de nuit. Il est debout, au pied de son lit, son béret sur la tête, et il murmure quelque chose.

Julien le regarde sans bouger, les yeux écarquillés[4]. Il l'écoute pour comprendre ce qu'il dit, mais il ne comprend rien à cette litanie.

Mais Julien bouge à peine et fait craquer son lit. Bonnet arrête immédiatement. Julien ferme les yeux et fait semblant de dormir. Bonnet reprend sa prière.

---

3. **avoir du culot** : oser faire ce qui est interdit ou dangereux.
4. **écarquillé** : très ouvert.

Après la lecture

Compréhension écrite et orale

1 DELF Écoutez l'enregistrement et lisez le chapitre, puis dites si les affirmations sont vraies (V) ou fausses (F). Corrigez les affirmations fausses.

		V	F
1	Bonnet a de meilleures notes que Julien.	☐	☐
2	L'alerte sonne pendant le cours d'anglais.	☐	☐
3	Pendant l'alerte, les élèves se réfugient dans le dortoir.	☐	☐
4	Le lendemain, pendant l'étude, Bonnet lit une lettre de son frère.	☐	☐
5	Tous les jeudis après-midi, les élèves vont aux bains-douches.	☐	☐
6	Bonnet et Julien parlent du livre *Les trois mousquetaires*.	☐	☐
7	Les bains-douches sont interdits aux enfants.	☐	☐
8	Les bains-douches sont réservés aux pensionnaires du collège.	☐	☐
9	Le soir, Julien et Bonnet disent leur prière ensemble.	☐	☐
10	Bonnet allume deux bougies pour prier.	☐	☐

2 Remettez dans l'ordre les différents épisodes du chapitre.

a ☐ L'alerte sonne.

b ☐ Bonnet est interrogé en maths.

c ☐ Les enfants vont aux bains-douches.

d ☐ Julien ne peut pas se coucher parce qu'on lui a fait son lit en portefeuille.

e ☐ Julien et Bonnet parlent des *Trois mousquetaires*.

f ☐ Le Père Hippolyte somnole pendant l'étude.

g ☐ Bonnet allume une bougie pour dire sa prière.

h ☐ Bonnet lit une lettre de sa mère.

🔊 piste 07

3 Écoutez l'enregistrement, puis cochez les affirmations exactes.

1 ☐ La personne interviewée est spécialiste du fait religieux.
2 ☐ Elle s'appelle Madame Jargon.
3 ☐ Les religions les plus présentes dans le monde sont l'islam, l'hébraisme, l'hindouisme et le bouddhisme.
4 ☐ Ce sont les seules religions présentes dans le monde.
5 ☐ Les Hindouistes et les Bouddhistes se trouvent surtout en Asie.
6 ☐ Aujourd'hui, beaucoup d'Européens choisissent le bouddhisme.

Enrichissez votre vocabulaire

4 Les formes géométriques. Associez ces mots à la forme correspondante.

a Un carré   c Un losange   e Un triangle
b Un rectangle   d Un cercle   f Un quadrilatère

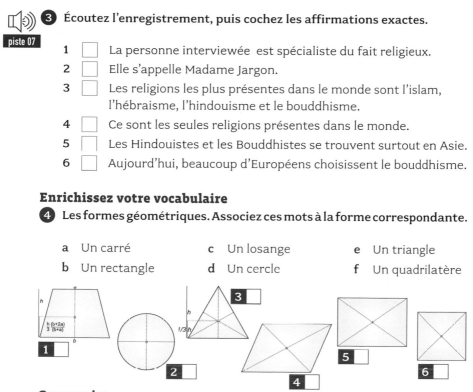

Grammaire

Les verbes du premier groupe en -cer (commencer) et -ger (bouger)

Ces verbes sont réguliers, mais ils ont une particularité orthographique.

Commencer	Bouger
Je commence	Je bouge
Tu commences	Tu bouges
Il/Elle commence	Il/Elle bouge
Nous commençons	Nous bougeons
Vous commencez	Vous bougez
Ils/Elles commencent	Ils/Elles bougent

Pour avoir le son /s/ devant les voyelles « o » et « a » :

• dans les verbes en -*cer*, le « c » s'écrit avec une cédille (ç) ;

• dans les verbes en -*ger*, on ajoute un « e ».

5 Complétez ce tableau de conjugaisons.

	Présent	Imparfait
1 Manger	Nous	Je ....
2 Lancer	Vous	Il ....
3 Corriger	Nous	Ils ....
4 Prononcer	Elles	Nous ....
5 Ranger	Tu	Tu ....
6 Annoncer	Nous	Nous ....
7 Menacer	Je	Tu ....
8 Voyager	Nous	Elles ....

6 Transformez les phrases au présent ou à l'imparfait.

Présent	Imparfait
1 Elles voyagent toujours en train.	....
2	Nous mangions à la cantine.
3 Elles prolongent leurs vacances.	....
4	Il interrogeait toujours les mêmes élèves.
5 Je range ma chambre.	....
6 Tu effaces le tableau.	....
7	Nous lancions le ballon très haut.
8 Il l'influence beaucoup.	....

Production écrite et orale

7 DELF Pendant la Seconde guerre mondiale, les Juifs ont été discriminés et persécutés dans plusieurs pays d'Europe. Aujourd'hui, avez-vous assisté à des discriminations ? De qui contre qui ? Racontez.

La France pendant la Seconde Guerre mondiale

Le 3 septembre 1939, la France déclare la guerre à l'Allemagne qui vient d'envahir la Pologne. Le 14 juin 1940, moins d'un an plus tard, l'armée nazie entre à Paris. Le Maréchal Pétain, Président du Conseil, négocie puis signe l'armistice avec l'Allemagne. En théorie, la guerre est terminée pour la France. Mais le Général de Gaulle refuse l'armistice. Il décide de gagner Londres. Le 18 juin 1940, depuis les ondes de la BBC, il appelle les Français à continuer de se battre. C'est le début de la résistance.

Selon les termes de l'armistice, la France est coupée en deux : au nord, une zone occupée par l'armée allemande, et au sud une zone « libre », où s'installe le gouvernement dirigé par le Maréchal Pétain.

À Vichy, ce dernier instaure un régime autoritaire qui collabore avec l'Allemagne de Hitler. C'est « l'État français », appelé aussi « Régime de Vichy ». La devise « Travail, Famille, Patrie » remplace la devise républicaine « Liberté, Égalité, Fraternité ». La division en deux zones dure jusqu'en novembre 1942, quand les armées allemandes et italiennes occupent militairement aussi la « zone libre ». L'occupation de tout le pays durera encore presque deux ans.

L'exode : les familles fuient devant l'avancée des troupes allemandes.

La collaboration

La France de Vichy collabore avec l'Allemagne, et met en pratique la même politique raciale. Ainsi, le Maréchal Pétain promulgue un

Mai 1941, camp d'internement pour Juifs situé dans la commune de Pithiviers.

« Statut des Juifs », qui interdit aux adultes juifs de travailler et aux enfants d'aller à l'école. Puis la France de Vichy collabore à la « solution finale », en arrêtant et en déportant les Juifs présents sur le territoire.

C'est la période des rafles, des arrestations massives de Juifs, qui sont enfermés dans des « camps de tri » en France, avant d'être déportés vers les camps d'extermination. C'est la milice, un organe paramilitaire formé de Français, qui aide les Allemands dans la persécution des Juifs et dans la lutte contre les résistants.

Pendant l'occupation, 75 721 Juifs ont été déportés depuis la France vers les camps d'extermination et seulement deux mille sont revenus à la fin de la guerre.

Une vie quotidienne difficile

Sous l'occupation, trouver à se nourrir est le premier souci des Français. L'économie du pays dépend désormais totalement de l'Allemagne, à laquelle la France doit payer de lourdes indemnités.

La queue devant les magasins alimentaires : un effet du rationnement.

Le rationnement est mis en place : chaque famille a droit à une quantité limitée de denrées alimentaires de première nécessité : pain, lait, pommes de terre. Le beurre, la viande, sont des produits de luxe. Chaque jour, les femmes font de longues queues devant les magasins d'alimentation pour échanger un ticket de rationnement contre un peu de nourriture. Ces difficultés favorisent le développement du marché noir, la vente et l'achat de marchandises rares à des prix très élevés.

Les bombardements

Des tonnes de bombes ont été lancées sur toute la France. C'étaient surtout des bombardements alliés (américains et anglais), qui devaient mettre en difficulté l'armée allemande qui occupait le pays. Beaucoup de ces bombardements visaient des points stratégiques (ports, voies ferrées, usines), mais certains ont détruit des villes entières, comme Brest, Royan, Caen. On estime que 70 000 civils français sont morts sous ces bombardements.

Des soldats allemands dans une ville française.

Des soldats français et des soldats américains en France,
dans une zone libre.

Les réactions face à l'occupation

La population réagit de manière différente face à la situation qui s'est
créée.

Les collaborateurs choisissent le camp de l'Allemagne et de Vichy, pour
des raisons idéologiques et racistes (anticommunisme, antisémitisme)
ou pour des intérêts plus personnels et immédiats, pour tirer profit de
la situation. Ils s'engagent dans la milice et ils dénoncent des résistants
ou des Juifs.

Les « indifférents » sont d''abord favorables au Maréchal Pétain et aux
valeurs qu'il défend. À partir de 1942, ils deviennent de plus en plus
critiques. Cependant ils ne manifestent pas ouvertement leur opinion,
ils ne s'engagent pas pour contribuer à changer les choses.

Les résistants s'engagent activement contre le nazisme et contre le
Régime de Vichy. Certains « prennent le maquis », c'est-à-dire qu'ils
entrent dans la clandestinité. D'autres continuent apparemment leur
vie normale, mais en réalité ils participent eux aussi aux actions contre
l'armée allemande et contre la milice. Ils fournissent le matériel pour les
attentats, ils fabriquent les bombes, ils ravitaillent les résistants qui se
cachent dans les forêts et dans les montagnes.

Les Justes ne restent pas indifférents devant la persécution des Juifs. Au risque de leur vie, ces hommes et ces femmes ont caché des familles juives, surtout des enfants, pendant ou avant les rafles. Le distinction de « Juste parmi les Nations » a été décernée par l'état Hébreu à 3328 Français qui ont aidé et souvent sauvé des personnes juives en danger.

Compréhension écrite

1 Lisez le dossier, puis écrivez de qui il s'agit.

1   Ils ont choisi le camp de l'État français. Ce sont ....

2   Il dirige un état dont la devise est « Travail, Famille, Patrie ». C'est ....

3   Ils ont lutté contre l'occupation allemande Ce sont ....

4   Il a organisé la résistance. C'est ....

5   Ils forment l'organisation paramilitaire du Régime de Vichy. Ce sont ....

2 Répondez aux questions.

1   Pourquoi la France déclare-t-elle la guerre à l'Allemagne ?
   ....

2   Quand et pourquoi l'armistice est-il signé ?
   ....

3   Qu'est-ce que la zone libre ?
   ....

4   Quelle est la plus grande difficulté des Français pendant l'occupation ?
   ....

5   Pourquoi les alliés bombardent-ils la France ?
   ....

Avant de lire

1 Les mots suivants sont dans le chapitre 4. Associez chaque mot à l'illustration correspondante.

a Un placard

b Une glace

c La page de garde d'un livre

d L'épaule

2 Les expressions suivantes sont dans le chapitre. Trouvez leur sens exact.

1 Il observe ce manège.

    a Il regarde attentivement les événements étranges.

    b Il fait un tour de manège avec les enfants.

2 Il est hors de lui.

    a Il sort de la maison.

    b Il est très en colère.

3 Il distribue le courrier.

    a Il distribue les lettres.

    b Il distribue les devoirs.

4 L'usine tourne au ralenti.

    a L'usine produit moins que d'habitude.

    b Les machines fonctionnent mal.

5 Je serai réformé.

    a Je serai déclaré inapte au service.

    b Je ferai une réforme.

6 Il se sent mal à l'aise.

    a Il a mal à la tête.

    b Il est gêné, embarrassé.

Julien est curieux

Moreau, le surveillant, est en train de faire faire un peu de gymnastique aux élèves quand un groupe de miliciens entre dans la cour. Ils portent tous l'uniforme. Moreau entraine les pensionnaires au pas de course de l'autre côté de la cour sans quitter les miliciens des yeux. Ils parlent très fort avec le Père Jean.

— Vous n'avez pas le droit d'entrer ici ! leur dit-il à voix haute.

— Nous avons des ordres ! répond un milicien.

Puis il entre dans le bâtiment avec ses compagnons, malgré les protestations du Père Jean.

À l'autre bout de la cour, les élèves commentent à voix basse :

— C'est la milice, dit l'un.

— C'est des collabos, dit l'autre. Qu'est-ce qu'ils veulent ?

Moreau interrompt subitement le cours de gymnastique.

— Rentrez en classe, nous avons terminé, dit-il.

Les élèves sont surpris. Ils regardent Moreau s'éloigner vers la petite cour des W.-C. Le Père Michel se dirige vers eux, prend Bonnet par le bras et l'entraine vite derrière Moreau.

Julien observe ce manège avec curiosité, quand Joseph l'interpelle.

— Tu as encore de la confiture ? lui demande-t-il.

— Qu'est-ce qui se passe ? Qu'est-ce qu'ils font ici les miliciens ? lui demande Julien.

— Ils cherchent des réfractaires, lui répond Joseph.

— C'est quoi les réfractaires ?

— C'est les types qui veulent pas aller faire le travail obligatoire en Allemagne. Comme Moreau.

— Moreau ?

— Oui... et puis Moreau, c'est même pas son vrai nom. Moi je m'en fiche[1], avec ma jambe, je serai réformé.

Madame Perrin appelle Joseph :

— Joseph ! À la cuisine, tout de suite ! hurle-t-elle.

Julien rejoint ses camarades en cours. Bonnet n'est pas en classe. Le professeur, Monsieur Tinchaut rend les derniers devoirs de français.

Il est interrompu par le Père Michel qui rentre dans la classe avec Bonnet qui va s'assoir à sa place. Julien ne le quitte pas des yeux, il l'observe pour comprendre son secret. Bonnet soutient son regard.

Après le déjeuner, Julien n'a pas envie de jouer avec ses camarades. Il s'approche de Joseph, qui est en train de donner quelques cigarettes à son frère.

— Je peux pas payer tout de suite, dit François.

— Tu m'as promis ! proteste Joseph.

---

1. **je m'en fiche** : ce n'est pas mon problème, ça ne m'intéresse pas.

— Demande à mon frère ! réplique François. Je suis sûr qu'il a encore du sucre.

Un surveillant appelle Julien.

— Quentin ! Julien Quentin !

C'est le surveillant qui distribue le courrier. Julien a reçu une lettre de sa mère. Il monte la lire dans le dortoir désert.

« *L'appartement est vide sans toi. Paris n'est pas drôle en ce moment. Nous sommes bombardés presque chaque nuit. Hier une bombe est tombée sur un immeuble à Boulogne-Billancourt. Huit morts. Charmant ! Ton père est à Lille. Son usine tourne au ralenti, il est d'une humeur de chien[2]. Il est vraiment temps que la guerre se termine. Je viendrai dimanche, comme prévu. Nous irons déjeuner au Grand Cerf. Je me réjouis déjà et te serre sur mon cœur.*

Ta maman qui t'aime

PS. Mange tes confitures, je t'en apporterai d'autres. »

Julien replie la lettre, et la range dans sa table de nuit. Il soulève l'oreiller de Bonnet, et trouve deux bougies. Puis il va ouvrir le placard de Bonnet. Il fouille dans les affaires de son camarade. Dans un livre, il y a une photo de Bonnet plus jeune, assis entre un homme et une femme. Il ouvre un autre livre. C'est *L'homme à l'oreille cassée*, le roman de Edmond About. Sur la page de garde, il y a écrit, à l'encre noire : « *Lycée Jules Ferry, année scolaire 1941-1942, Jean...* » le nom de famille est raturé, il est illisible. Mais sur la page opposée, l'inscription est entière, écrite à l'envers. Julien met le livre en face d'une glace et lit : « Jean Kippelstein ». Il répète ce nom tout bas : « Kippelstein, Kippelstein ». Mais il entend des pas. Vite il referme le livre et ferme le placard.

Plus tard, après le cours de grec, il parle avec Bonnet.

---

2. **être d'une humeur de chien** : être de très mauvaise humeur.

Enrichissez votre vocabulaire

3 Le caractère. Retrouvez dans cette chaîne de mots dix adjectifs qui définissent le caractère d'une personne. Attention, certaines lettres sont en trop.

> TIMIDEOVCOURAGEUXPRÉTENTIEUXZSIMALINNNGENTILE
> ORGUEILLEUXETÉGOÏSTEGÉNÉREUXBRÊVEURMMODESTELE

4 Associez ces sentiments à leur contraire.

1	La joie	a	La confiance
2	La haine	b	Le pessimisme
3	L'inquiétude	c	La tranquillité
4	L'optimisme	d	L'amour
5	La méfiance	e	L'orgueil
6	La modestie	f	La tristesse

Grammaire

Quelques futurs irréguliers

Pour former le futur, on ajoute les désinences *-ai*, *-as*, *-a*, *-ons*, *-ez*, *-ont* à l'infinitif. Certains verbes ont un radical irrégulier au futur: *être → je serai, aller → j'irai, faire → je ferai, venir →je verrai, voir → je verrai.*

5 Transformez ces phrases au futur.

1 Tu viens nous voir dimanche ?
2 Est-ce qu'il sait faire la cuisine tout seul ?
3 Ils voient beaucoup de paysages magnifiques.
4 Ils vont à l'université aux États-Unis.
5 Nous sommes heureux de vous revoir.

Production écrite et orale

6 DELF Julien questionne Bonnet sur ses origines. Il se sent mal à l'aise. Comment interprétez-vous l'attitude de Julien ?

Avant de lire

1 Qu'est-ce que c'est ? Choisissez la bonne réponse

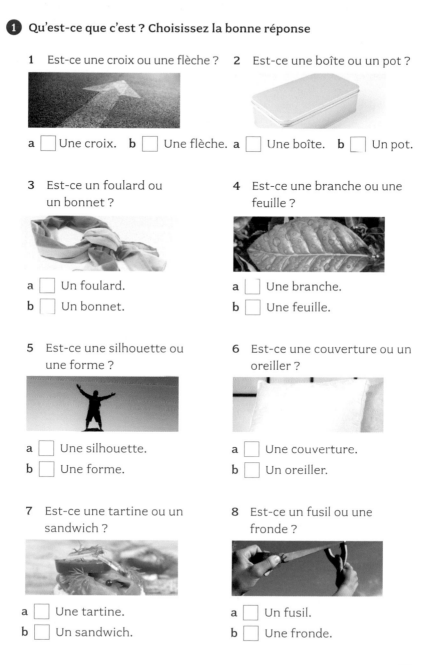

1 Est-ce une croix ou une flèche ?

a ☐ Une croix.   b ☐ Une flèche.

2 Est-ce une boîte ou un pot ?

a ☐ Une boîte.   b ☐ Un pot.

3 Est-ce un foulard ou un bonnet ?

a ☐ Un foulard.
b ☐ Un bonnet.

4 Est-ce une branche ou une feuille ?

a ☐ Une branche.
b ☐ Une feuille.

5 Est-ce une silhouette ou une forme ?

a ☐ Une silhouette.
b ☐ Une forme.

6 Est-ce une couverture ou un oreiller ?

a ☐ Une couverture.
b ☐ Un oreiller.

7 Est-ce une tartine ou un sandwich ?

a ☐ Une tartine.
b ☐ Un sandwich.

8 Est-ce un fusil ou une fronde ?

a ☐ Un fusil.
b ☐ Une fronde.

Le jeu de piste

Moreau et les Pères ont organisé un jeu de piste[1] dans la forêt. Tous les pensionnaires, regroupés par équipes de huit, sont à la recherche du trésor. Le groupe des « verts », dirigé par Pessoz, avance sur un petit chemin. Tous les enfants du groupe portent leur uniforme, un foulard vert autour du cou et un autre à la taille, retenu par une ceinture. Ils suivent les signes tracés à la craie blanche sur des rochers ou sur les arbres. Une flèche, puis plus loin une croix, qui indiquent qu'ils sont sur la mauvaise piste.

Julien et Bonnet sont les deux plus jeunes de l'équipe. Ils traînent les pieds, derrière les autres, et bavardent.

Bientôt ils se rendent compte qu'ils sont seuls : le reste de l'équipe des verts a disparu. Tout à coup, ils entendent des cris. Ils se précipitent vers leur direction, et se cachent derrière un rocher. Les

---

1.   **un jeu de piste** : une chasse au trésor.

« rouges » ont attaqué les « verts », qui se défendent courageusement. Mais les rouges ont arraché tous les foulards verts ; ils ont gagné et Pessoz et ses camarades doivent se rendre.

— Vous êtes nos prisonniers, dit le chef des rouges. Suivez-nous !

— Il en manque deux, s'écrie un garçon au foulard rouge.

Il aperçoit Julien et Bonnet derrière le rocher. Ils se mettent à courir. Bonnet est capturé, mais Julien s'enfuit. Quand il s'arrête, épuisé, il est seul. Il entend des voix de plus en plus lointaines, puis plus rien. Il a mal à une jambe, il avance lentement dans la forêt. Il suit un chemin, et tout à coup il voit une flèche sur un arbre. Il marche dans la direction indiquée. Il arrive à un rocher, sur lequel on a dessiné une flèche pointée vers le sol, vers un petit tas de[2] branches cassées. Il enlève les branches, et trouve une petit boite en fer blanc. À l'intérieur il y a quelques biscuits et un billet : « *Vous avez gagné, le jeu est terminé. Rentrez par le même chemin.* »

Julien se met à hurler :

— J'ai trouvé le trésor, les verts ont gagné.

Mais personne ne lui répond. Il est seul, il fait nuit. Il ne trouve plus de signes. Il est perdu. Tout à coup, il entend des branches craquer, et il distingue une silhouette dans la nuit. Il veut s'enfuir, quand il entend :

— Julien !

Il revient sur ses pas. Bonnet est là !

— Ils t'ont pas attrapé ? demande Julien étonné.

— Si. Ils m'ont attaché à un arbre. Mais j'ai pu me délivrer.

Julien lui montre la boite.

— Regarde, j'ai trouvé le trésor. Tout seul.

Mais Bonnet est inquiet.

---

2. **un tas de** : un amas de.

— Il y a des loups dans cette forêt ?

Les deux enfants marchent sans savoir où ils vont. Ils ont faim, et ils grignotent[3] tous les biscuits vitaminés qui sont dans la boite.

Ils arrivent enfin sur une route goudronnée[4].

— C'est à droite, dit Julien.

— Non, c'est à gauche, dit Bonnet.

Ils entendent un bruit de moteur, et voient deux lumières avancer vers eux : ce sont les phares d'un camion. Julien se met au milieu de la route. La voiture ralentit et s'arrête. Julien entend des voix allemandes, le cliquetis des fusils. Bonnet se jette sur le côté dans les arbres. Deux Allemands le rattrapent, et pointent leurs armes vers lui. Quand ils s'aperçoivent que c'est un enfant, ils éclatent de rire. Julien et Bonnet tremblent de froid, ils partagent une couverture à l'arrière de la voiture allemande qui les ramène au pensionnat.

Le caporal allemand frappe à la porte du collège, c'est le Père Hippolyte qui ouvre. Le caporal pousse devant lui Julien et Bonnet et lui dit, moqueur :

— Bonsoir mon père. Vous avez perdu des enfants ?

— On vous a cherchés pendant des heures ! s'exclame le Père Hippolyte. Julien pourquoi tu dois toujours faire l'imbécile ?

— Mais j'ai trouvé le trésor, s'écrie Julien.

Il ne peut pas terminer, il éclate en sanglots, épuisé.

Le Père Jean le calme, en le serrant fort contre lui.

Les enfants sont maintenant tous derrière la porte. L'un murmure : « Ils se sont fait arrêter par les boches ! »

Le caporal a entendu, et demande :

— Est-ce que les boches peuvent avoir leur couverture ?

---

3. **grignoter** : manger du bout des dents.
4. **goudronné** : asphalté.

Puis il se tourne vers le Père Jean :

— La forêt est interdite aux civils après 20 heures, il y a un couvre-feu !

Les soldats s'éloignent et le Père Jean envoie Bonnet et Julien à l'infirmerie.

François rejoint son frère. Il lui donne une tartine avec du pâté, et une nouvelle lettre de leur mère. Les autres garçons veulent tout savoir de leur mésaventure.

— Tu as eu peur ? demande Boulanger.

— Non, pas vraiment.

— Et les Allemands, ils ont tiré ?

— Oui, mais seulement quelques rafales.

L'infirmière renvoie tous ces garçons en cours, et Julien et Bonnet restent seuls à l'infirmerie. Julien partage sa tartine de pâté en deux. Il en donne une moitié à Bonnet.

— Non merci, je n'aime pas le pâté, dit Bonnet.

Julien essaie de lui mettre la tartine de force dans la bouche.

— Mange !

Bonnet en colère proteste :

— Non, j'aime pas le pâté !

— Parce que c'est du cochon ? demande Julien.

— Pourquoi tu me poses ces questions ? demande Bonnet.

— Parce que tu t'appelles pas Bonnet, tu t'appelles Kippelstein. Au fait, comment on dit ? Kippelstin ?

Bonnet se jette sur Julien. Mais l'infirmière les sépare et leur ordonne de se coucher.

Après la lecture

Compréhension écrite et orale

piste 09

1 **DELF** Écoutez l'enregistrement et lisez le chapitre, puis cochez l'affirmation exacte.

1 Moreau a organisé
   a ☐ un jeu de piste.
   b ☐ une course de fond.
   c ☐ un tournoi de basket.

2 Il y a deux équipes adverses
   a ☐ les bleus et les rouges.
   b ☐ les verts et les bleus.
   c ☐ les verts et les rouges.

3 L'équipe des verts
   a ☐ se perd dans la forêt.
   b ☐ capture les adversaires.
   c ☐ est capturée par les adversaires.

4 Julien
   a ☐ est capturé lui aussi.
   b ☐ s'enfuit et trouve le trésor.
   c ☐ s'enfuit et rentre au collège.

5 Le trésor est une boite pleine de
   a ☐ pièces d'or.
   b ☐ bonbons.
   c ☐ biscuits.

6 Julien et Bonnet
   a ☐ dorment dans la forêt.
   b ☐ sont perdus et cherchent leur chemin.
   c ☐ téléphonent pour demander de l'aide.

7 Ils sont raccompagnés au collège par
   a ☐ le Père Michel et le Père Hippolyte.
   b ☐ des miliciens.
   c ☐ des soldats allemands.

piste 10

2 Écoutez l'enregistrement, puis corrigez les erreurs de transcription.

Les deux enfants marchent sans savoir où ils sont. Ils ont soif, et ils grignotent tous les gateaux vitaminés qui sont dans le sac.

Ils arrivent enfin sur une rue goudronnée.

« C'est tout droit » dit Julien. « Non, c'est à gauche » dit Bonnet.

Ils entendent un bruit de moteur, et voient deux lumières venir vers eux : ce sont les phares d'une voiture.

Julien se place au milieu de la route. La voiture ralentit et s'arrête. Julien écoute des cris allemands, le cliquetis des fusils.

Enrichissez votre vocabulaire

3 La voiture. Indiquez le nom des différentes parties de la voiture. Les définitions vous aident à ne pas vous tromper.

1 Les phares servent à illuminer la route la nuit.

2 On actionne l'essuie-glace quand il pleut.

3 On ouvre la portière pour entrer dans la voiture.

4 Le pare brise est la grande vitre qui permet de voir la route.

5 Quand on part en voyage, on met les valises dans le coffre.

6 Les clignotants indiquent si on tourne à droite ou à gauche.

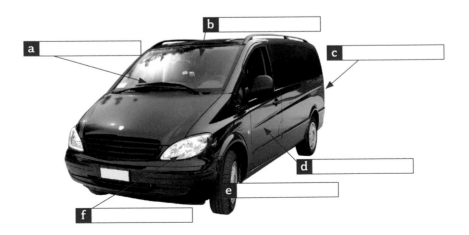

4 Les directions. Associez chaque expression à l'illustration correspondante.

a   Ils vont tout droit.

b   Ils tournent à droite.

c   Ils tournent à gauche.

d   Ils reviennent en arrière.

1 ☐   2 ☐   3 ☐   4 ☐

Grammaire

La mise en relief du sujet

Pour insister, mettre en relief le sujet, on emploie la tournure *c'est* + *sujet* + *qui*.

C'est le Père Hippolyte qui ouvre.

Si le sujet est un pronom personnel, il faut employer les pronoms toniques : *moi, toi, lui/elle, nous, vous, eux/elles*.

*C'est **toi** qui parles.*

Le verbe après *qui* doit s'accorder avec le sujet.

*C'est **nous** qui **avons trouvé** le trésor.*

À la dernière personne du pluriel, on doit dire *Ce sont… qui*.

Ce sont nos amis qui nous ont prévenus.

5 Transformez ces phrases : mettez le sujet en relief.

Exemple : Il a trouvé le trésor. → C'est lui qui a trouvé le trésor.

1   Nous participerons à la finale du concours.

2   Un acteur américain a animé la soirée.

3   Elle m'a raconté toute l'histoire !

4   Ses amies l'ont consolé.

5   J'irai l'attendre à la gare.

6   Tu es responsable de ce qui est arrivé.

Production écrite et orale

6 Ce chapitre se termine par une dispute entre Julien et Bonnet. Selon vous, pourquoi Julien provoque-t-il ainsi son ami ?

Un dimanche en famille

’est dimanche, le jour où les familles viennent rendre visite à leurs enfants. Les pensionnaires se préparent avec soin pour sortir. Julien se regarde une dernière fois dans la glace. Il a mis son costume du dimanche et une cravate. Il mouille un peu ses cheveux, et se fait une raie sur le côté. Près de lui, Bonnet est habillé comme tous les jours.

— Tu t'habilles pas ? Tu n'as pas de visites ? lui demande-t-il.

Bonnet lui répond brusquement :

— Qu'est-ce que ça peut te faire ?

Plus tard, les parents et les enfants assistent à la messe. L'église du couvent est pleine. Le Père Jean célèbre l'office. Il lit une épitre[1] de Saint Paul, et prononce son sermon :

« Mes enfants, nous vivons des temps de discorde et de

---

1. **une épitre** : une lettre.

haine, de mensonge. Les chrétiens s'entre-tuent et ceux qui devraient nous guider nous trahissent. Nous ne devons pas être égoïstes, ni indifférents. Vous venez tous de familles aisées, parfois très riches. Les richesses matérielles rendent les hommes méprisants[2], injustes, impitoyables, égoïstes. Comme je comprends la colère de ceux qui n'ont rien, quand les riches mangent avec arrogance. »

Ces mots suscitent la surprise et l'indignation dans l'assistance.

— Il y va fort, murmure Madame Quentin à ses fils.

Un monsieur très bien habillé se lève et sort de l'église. Mais le Père Jean continue :

— Je voulais seulement vous rappeler que le premier devoir d'un chrétien est la charité. Saint Paul dit dans son épître : « Frères, ne rendez à personne le mal pour le mal. Si ton ennemi a faim, donne-lui à manger, s'il a soif donne-lui à boire. »

C'est le moment de la communion. Julien s'avance vers l'autel, comme tous les dimanches. Bonnet fait de même. Il s'agenouille à la gauche de Julien devant le prêtre. Quand le Père Jean voit Bonnet, il reste un instant immobile. Il regarde rapidement les deux enfants et pose l'hostie sur la langue de Julien.

Après la messe, les enfants jouent dans la cour pendant que les parents et les professeurs bavardent. Julien et ses amis font semblant de faire un combat de boxe. Le jeu dégénère dans une bataille générale et Julien et Bonnet finissent par terre. Madame Quentin se précipite vers son fils.

— Julien, ton beau costume ! De quoi on va avoir l'air au restaurant ? lui reproche-t-elle.

2. **méprisant** : sans considération pour les plus faibles.

Julien est plein de poussière, une manche de sa veste est déchirée[3]. Bonnet le regarde et éclate de rire. Sa bonne humeur est contagieuse : Julien et Madame Quentin s'amusent eux aussi. Alors Julien parle à l'oreille de sa mère : il lui demande si Bonnet peut venir au restaurant avec eux.

Madame Quentin a réservé une table au Grand Cerf. C'est le restaurant élégant de la ville, fréquenté par les notables et les officiers de la Wehrmacht. Le maître d'hôtel attend la commande.

— Qu'est-ce que vous avez comme poisson ? demande Madame Quentin.

— Nous n'avons pas de poisson ! Mais je vous recommande notre lapin chasseur.

François ironique intervient :

— C'est du lapin, ou du chat ?

— C'est du lapin, monsieur. Avec des pommes rissolées[4] !

— Et elles sont au beurre, vos pommes de terre ? demande Madame Quentin.

— Non, madame... à la margarine... sans ticket[5].

— Alors lapin chasseur pour tout le monde... et une bouteille de Bordeaux !

Le restaurant est plein. À la table voisine, des officiers allemands parlent et rient bruyamment[6]. L'un d'eux lève son verre à l'intention de Mme Quentin, qui dit à voix basse à ses fils :

---

3. **déchiré** : lacéré.
4. **rissolé** : cuit dans du beurre.
5. **ticket** : il s'agit ici des tickets de rationnement.
6. **bruyamment** : en faisant du bruit.

— Il y a de la verdure[7] aujourd'hui ! Je croyais qu'ils étaient tous sur le front russe !

Puis elle s'adresse à Bonnet :

— Vos parents n'ont pas pu venir ?

— Non madame, répond Bonnet, sans en dire plus.

Puis elle se tourne vers Julien :

— Au fait, on m'a raconté ce qui est arrivé dans la forêt. Quelle idée de vous faire faire un jeu de piste, en hiver, et par les temps qui courent ! Je l'ai dit au Père Jean.

Deux miliciens sont entrés dans le restaurant et inspectent les tables. Ils s'approchent d'un vieux monsieur qui vient de finir son repas, seul à une table.

— Vos papiers, monsieur.

Le vieil homme ouvre tranquillement son portefeuille, et montre sa carte d'identité. Il s'appelle Monsieur Meyer, il est juif. Le milicien l'interpelle à voix haute :

— Dis donc, tu sais pas lire ? Ce restaurant est interdit aux Youtres[8] !

Le maître d'hôtel intervient :

— Monsieur Meyer vient ici tous les dimanches, depuis vingt ans. Je ne peux pas le mettre à la porte !

Le milicien le remet violemment à sa place et le menace de faire fermer le restaurant.

François murmure :

— Collabos !

Le milicien l'a entendu, et vient vers lui.

— Qu'est-ce que tu as dit ?

Madame Quentin vient au secours de son fils :

---

7. **de la verdure** : des Allemands (utilisé pendant la guerre).
8. **Youtres** : mot péjoratif pour désigner les Juifs.

— C'est un enfant, il ne sait pas ce qu'il dit.

— Ce garçon nous a injuriés, proteste le milicien. Nous sommes au service de la France.

Dans la salle, plus personne ne mange. Une femme prend la défense de Monsieur Meyer et dit : « Mais laissez ce monsieur tranquille ! », un homme réplique : « Non, les Juifs à Moscou !»

Un officier allemand se lève. Il est en uniforme avec beaucoup de décorations. Il a du mal à tenir debout, car il a bu beaucoup de vin. Il hurle aux miliciens :

— Sortez ! Dehors !

Les miliciens hésitent. Ils menacent Meyer avant de sortir :

— On se retrouvera !

Le calme revient dans le restaurant, les conversations reprennent.

Julien demande à sa mère :

— On n'est pas juifs, nous ?

Madame Quentin est offusquée. Elle répond :

— Il ne manquerait plus que ça !

— Mais notre tante ? Elle s'appelle Reinach ? C'est pas un nom juif, Reinach ?

— Non ! dit Madame Quentin agacée, Reinach est un nom alsacien.

— On peut être alsacien et juif, fait remarquer François.

Madame Quentin met fin à la discussion :

— Les Reinach sont catholiques ! Laissez-moi tranquille avec ces histoires ! Julien, tiens-toi droit !

Après la lecture

Compréhension écrite et orale

🔊 **piste 11** **1** **DELF** Écoutez l'enregistrement et lisez le chapitre, puis cochez l'affirmation exacte.

1 Pendant la messe, le Père Jean demande aux fidèles

   a ☐ de moins manger. **b** ☐ de lutter contre les Allemands.

   c ☐ d'être plus charitables et plus justes.

2 Un homme sort de l'église parce que

   a ☐ il fait trop chaud dans l'église.

   b ☐ il n'est pas d'accord avec les paroles du Père Jean.

   c ☐ il a un rendez-vous urgent.

3 Le Père Jean ne donne pas l'hostie à Bonnet parce que

   a ☐ il n'a pas assez d'hosties.

   b ☐ il sait que Bonnet n'est pas catholique.

   c ☐ il veut faire une blague à Bonnet.

4 Au restaurant, le menu est

   a ☐ très riche.   **b** ☐ très varié.

   c ☐ très pauvre et limité.

5 Les miliciens entrent au restaurant pour

   a ☐ manger.   **b** ☐ contrôler les papiers des clients.

   c ☐ contrôler la qualité des aliments.

6 Monsieur Meyer devrait sortir parce que

   a ☐ il est mal habillé. **b** ☐ c'est un juif.

   c ☐ il ne peut pas payer son repas.

7 Face aux miliciens, les clients du restaurant

   a ☐ sont tous d'accord. **b** ☐ défendent tous M. Meyer.

   c ☐ ne sont pas tous d'accord.

2 Associez le début et la fin de ces phrases.

1 ☐ Il a mis son costume du dimanche et

2 ☐ Ceux qui devraient nous guider

3 ☐ Le premier devoir d'un chrétien

4 ☐ Julien et ses amis font semblant

5 ☐ Bonnet le regarde et

6 ☐ Nous n'avons pas

7 ☐ Quelle idée

8 ☐ Ils menacent Meyer avant

9 ☐ Laissez-moi tranquille avec

a   nous trahissent.

b   de sortir.

c   de vous faire faire un jeu de piste.

d   de faire un combat de boxe.

e   ces histoires.

f   une cravate.

g   de poisson.

h   éclate de rire.

i   est la charité.

piste 12

3 Au restaurant. Écoutez ce dialogue, puis cochez sur le menu les plats choisis par Monsieur et Madame Dupuis.

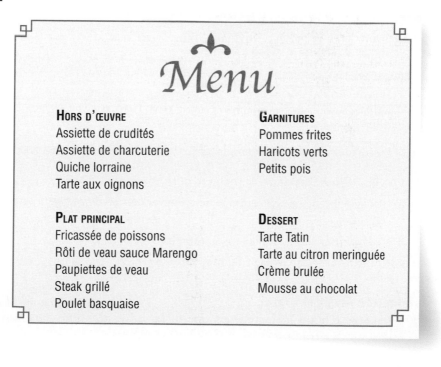

Menu

HORS D'ŒUVRE
Assiette de crudités
Assiette de charcuterie
Quiche lorraine
Tarte aux oignons

GARNITURES
Pommes frites
Haricots verts
Petits pois

PLAT PRINCIPAL
Fricassée de poissons
Rôti de veau sauce Marengo
Paupiettes de veau
Steak grillé
Poulet basquaise

DESSERT
Tarte Tatin
Tarte au citron meringuée
Crème brulée
Mousse au chocolat

Enrichissez votre vocabulaire

4 Associez chaque lieu de culte à la religion correspondante.

1 Une mosquée   **2** Un temple   **3** Une église   **4** Une synagogue

a ☐ L'Islam   c ☐ L'Hébraïsme

b ☐ Le Bouddhisme   d ☐ Le Catholicisme

Grammaire

Les adverbes

Les adverbes sont des mots invariables, qui indiquent la manière de faire une action.

La plupart sont formés à partir d'un adjectif : on ajoute le suffixe **-ment** au féminin de l'adjectif.

Timide → *Timidement*   *Joyeuse* → *Joyeusement*

Attention ! Pour les adjectifs qui se terminent en **-ant** ou **-ent**, on supprime les deux dernières lettres, et on ajoute le suffixe **-mment**.

Bruyant → *Bruyamment*   *Violent* → *Violemment*

Certains adverbes ne sont pas formés à partir d'un adjectif.

Il travaille **bien.**   *Il va trop* **vite.**

5 Transformez ces phrases : remplacez les mots soulignés par un adverbe.

1 Vous devriez conduire <u>de manière plus prudente</u>.

2 Parle <u>de manière plus lente</u>, je ne comprends rien de ce que tu me racontes !

3 Il devrait faire son travail <u>de manière plus sérieuse</u>.

4 Il a expliqué cette règle de mathématiques <u>de manière claire et rapide</u>.

Production écrite et orale

6 Le maître d'hôtel et les clients ont différentes réactions face aux miliciens. Que traduisent ces différentes réactions ?

Au revoir, les enfants *au cinéma*

Titre : Au revoir, les enfants
Date de sortie : 1987
Réalisateur : Louis Malle
Genre : drame
Pays : France, Allemagne

Le scénario de *Au revoir, les enfants* est inspiré d'un souvenir d'enfance de Louis Malle. Il avait onze ans et était pensionnaire dans un collège près de Fontainebleau. Trois « nouveaux », qu'il trouvait étranges, différents des autres, qui l'intriguaient sont un jour brutalement arrêtés par la Gestapo.

Ils ne reviendront pas des camps où ils sont déportés.

Dans la réalité, Jean Bonnet, le camarade de Julien Quentin, au collège de Fontainebleau s'appelait Hans-Helmut Michel. Il avait 14 ans quand la Gestapo l'a arrêté. Il est mort à Auschwitz peu de temps après sa déportation.

À propos de ce souvenir, Louis Malle a confié à un journaliste : « Je n'ai jamais pu m'enlever de l'idée que nous étions tous, moi comme les autres, un peu coupables de sa mort ».

Le pensionnaires rentrent au collège.

Travailler avec des enfants

Louis Malle avait déjà fait tourner des enfants, depuis *Zazie dans le métro*. Pour lui, « c'est plus facile de tourner avec des enfants qu'avec certaines vedettes de cinéma ».

Le plus difficile, ce n'est pas de diriger des acteurs en herbe, mais de bien les choisir. Tous les enfants du film ont été sélectionnés après un long casting. Louis Malle leur a fait confiance, et ils n'ont pas démérité.

Que sont-ils devenus ?

Gaspard Manesse avait 12 ans quand il a interprété le rôle de Julien Quentin. Sa carrière d'acteur n'a pas continué. Il est aujourd'hui infirmier dans la région parisienne.

Raphaël Fejtö qui interprète Bonnet a toujours été un artiste. Pendant son adolescence il écrivait des livres pour enfants. Il n'avait jamais tourné avant *Au revoir, les enfants*. Mais après cette expérience, il a réalisé plusieurs films. Il continue d'écrire des livres pour enfants, et a publié il y a deux ans son premier roman.

François Négret, Joseph dans le film, avait obtenu le César du meilleur jeune espoir masculin en 1989. Il n'a plus quitté le cinéma.

Bonnet et ses camarades aux bains-douches.

Louis Malle reçoit trois Césars pour *Au revoir, les enfants*, en 1988.

Le succès du film

Au revoir, les enfants a eu un immense succès public, puisqu'il a enregistré près de 4 millions d'entrées. Il a aussi été plusieurs fois primé, en France et en Italie au festival de Venise.

Après *Lacombe Lucien*, qui avait suscité de nombreuses polémiques, *Au revoir, les enfants* montre encore un autre visage de la France sous l'occupation : celui d'hommes, religieux et civils, qui au péril de leur vie ont caché des enfants juifs pour les sauver de la déportation. La « Collaboration » est ici incarnée par Joseph qui choisit de collaborer avec les nazis pour « exister », pour trouver une reconnaissance et se venger des humiliations reçues.

1 Répondez aux questions.

1 À quel âge Louis Malle a-t-il vécu l'histoire de *Au revoir, les enfants* ?

....

2 Quel a été le destin de Hans Helmut Michel, le véritable Jean Bonnet ?

....

3 Pourquoi Louis Malle se sent-il « un peu coupable » de la mort de son camarade ?

....

4 Comment le réalisateur a-t-il choisi les enfants interprètes de son film ?

....

5 Qui des jeunes interprètes a continué à travailler dans le cinéma ?

....

6 Quel autre film de Louis Malle se passe pendant la guerre ?

....

2 Dites si les affirmations sont vraies (V) ou fausses (F).

		V	F
1	Le film *Au revoir, les enfants* est inspiré d'une histoire vraie.		
2	Louis Malle est le véritable Jean Bonnet.		
3	Louis Malle n'avait jamais fait tourner des enfants avant ce film.		
4	Le jeune acteur qui interprète Julien a reçu le prix du meilleur espoir masculin au festival de Cannes.		
5	Le film a été récompensé au festival de Venise.		
6	Louis Malle n'aimait pas faire tourner des enfants.		

Avant de lire

1 Qu'est-ce qu'ils font? Choisissez la bonne didascalie pour chaque photo.

1 ☐

2 ☐

a   Elle leur indique le chemin.
                     b   Elle les prend en photo.

c   Elle les interviewe.

3 ☐

4 ☐

a   Elle le serre dans ses bras.   **b**   Elle l'embrasse.

c   Elle lui serre la main.

5 ☐

6 ☐

a   Il joue du violon.   **b**   Il joue de la guitare.

c   Il joue du violoncelle

7 ☐

8 ☐

a   La pluie tombe.   **b**   La neige tombe.

c   La grêle tombe.

Une injustice

onnet est rentré au pensionnat. Julien et François font un dernier tour en ville avec leur mère, avant de la quitter.

Elle dit à Julien à propos de Bonnet :

— Il est gentil ton ami, mais il ne parle pas beaucoup.

Julien se contente de répondre :

— Il a ses raisons.

Il ne dit rien de plus, mais laisse entendre qu'il sait des choses.

Un peu plus loin, François parle avec un groupe d'Allemands, qui lui ont demandé leur chemin.

— Vous passez derrière l'église, puis vous continuez tout droit, toujours tout droit, jusqu'au pont !

Alors que les soldats remercient François, Julien dit à sa mère :

— Il les envoie de l'autre côté de la ville, il fait toujours ça avec la verdure.

Leur attention est attirée par Joseph. Habillé avec son costume du dimanche, il essaie de rattraper sa petite amie.

Il appelle :

— Fernande ! Fernande !

Mais la jeune fille s'éloigne et crie :

— Tu m'énerves ! Arrête-toi !

Julien et François éclatent de rire[1], et se mettent à appeler eux aussi « Fernande ! Fernande ! » pour se moquer de Joseph.

Au moment de quitter sa mère, Julien lui demande :

— Je peux rentrer chez vous à Paris ? On n'est pas obligés de le dire à papa !

Madame Quentin ne répond pas, elle serre fort son fils dans ses bras.

Le soir, pour bien terminer ce jour de fête, les élèves restent dans le réfectoire pour la séance de cinéma.

Ils regardent toujours les mêmes films de Charlie Chaplin. Moreau prépare le projecteur.

Les enfants s'installent devant l'écran et finissent de partager leurs provisions personnelles : des tartines de confiture et de pâté.

Monsieur Florent, un des surveillants, et Mademoiselle Davenne accompagnent le film muet. Monsieur Florent joue du violon, Mademoiselle Davenne est au piano.

Les enfants rient beaucoup même s'ils connaissent le film par cœur[2]. Quand la musique est plus douce, ils se mettent à rêver.

Le lendemain matin, la neige tombe. Pendant la récréation, Julien apprend à Bonnet à se tenir sur des échasses. Il l'encourage quand il tombe :

— Allez remonte ! N'aie pas peur…

---

1. **éclater de rire** : se mettre à rire subitement.
2. **connaître par cœur** : connaître parfaitement.

Tout à coup, Madame Perrin surgit de la cuisine, un torchon à la main, derrière Joseph. Elle hurle : « Voleur ! Tu vas voir ! »

Elle rattrape Joseph, qui tombe par terre. Elle le frappe avec son torchon, et n'arrête pas de hurler et de l'insulter :

— Tu vas voir, espèce de voleur !

Le Père Michel intervient.

— Qu'est-ce qui se passe ? Calmez-vous, Madame Perrin !

— C'est un voleur ! Je l'ai attrapé en train de voler du saindoux[3], pour le revendre ! Je vous l'avais bien dit que c'est un voleur !

Elle continue de frapper Joseph. Par terre il lève les bras pour se protéger. Il essaie de se défendre.

— C'est pas vrai. C'est elle qui vole ! Je suis pas un voleur.

Tous les enfants ont arrêté leurs jeux, et font cercle autour de Joseph et de Madame Perrin.

— Les enfants regardent. Rentrez dans votre cuisine. Calmez-vous ! dit le Père Michel à Madame Perrin.

Le Père Jean observe la scène de la fenêtre de son bureau.

Un peu plus tard, sept élèves ont été convoqués dans le bureau du Père Jean. Parmi eux, il y a François et son frère.

— Joseph volait les provisions du collège et les vendait au marché noir, explique le Père Jean.

Puis il montre sur sa table des boîtes de pâté, des bonbons, des pots de confiture. Il continue :

— Nous avons retrouvé toutes ces provisions dans le placard de Joseph. Ce sont vos provisions personnelles.

Puis il prend un pot de confiture et demande :

— À qui sont ces confitures ?

— À moi, dit Julien.

---

3. **saindoux** : gras de cochon solidifié.

Le Père Jean accuse les enfants :

— Vous êtes des voleurs, comme Joseph !

— Ce n'est pas du vol ! rétorque Julien. Elles sont à moi.

— Oui, mais vous en privez vos camarades. Vous faites du marché noir. Il n'y rien de plus ignoble ! Tout ça pour de l'argent !

— On ne demandait pas d'argent, proteste François on échangeait !

— Contre quoi ?

— Contre des cigarettes, avoue⁴ François.

Le Père Jean est très dur.

— Quentin, je devrais vous mettre à la porte tout de suite, vous et votre frère. Je ne le fais pas, par respect pour vos parents. Je suis obligé de renvoyer⁵ Joseph, mais c'est une injustice. Vous serez tous privés de sortie jusqu'à Pâques.

Les élèves sortent tête basse du bureau du Père Jean. Ils croisent Joseph dans le couloir. Il pleure comme un enfant et se lamente :

— Où je vais aller ? Je n'ai même pas où coucher.

Les élèves sont gênés. Julien met une main sur l'épaule de Joseph, pour le réconforter. Les pensionnaires rentrent en classe, et le Père Jean ordonne à Joseph :

— Allez chez l'économe, il vous paiera votre mois.

Toujours en pleurant, Joseph proteste.

— C'est pas juste ! Y a que moi qui trinque⁶ !

---

4. **avouer** : reconnaître une faute.
5. **renvoyer** : ici, licencier.
6. **y a que moi qui trinque** : je suis le seul à être puni.

Après la lecture

Compréhension écrite et orale

piste 13

1 DELF **Écoutez l'enregistrement et lisez le chapitre, puis dites si les affirmations sont vraies (V) ou fausses (F). Corrigez les affirmations fausses.**

	V	F
1 Julien est triste de quitter sa maman.		
2 Joseph et sa fiancée s'embrassent.		
3 Madame Perrin est en colère contre Joseph.		
4 Elle accuse Joseph d'avoir volé du saucisson.		
5 Le Père Jean convoque Julien et François dans son bureau.		
6 Il les accuse de faire du marché noir comme Joseph.		
7 Il décide de dénoncer Joseph à là police.		
8 Il renvoie François et Julien du collège.		

piste 13

2 **Écoutez de nouveau l'enregistrement du chapitre, puis dites qui prononce les phrases suivantes.**

	François	Julien	Joseph	Mme Perrin	Le Père Jean
1 *Il a ses raisons.*					
2 *Toujours tout droit, jusqu'à un pont !*					
3 *N'aie pas peur...*					
4 *C'est un voleur !*					
5 *Je l'ai attrapé en train de voler...*					
6 *C'est une injustice.*					
7 *C'est pas juste !*					

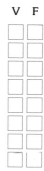

Enrichissez votre vocabulaire

3 Remplissez cette grille de mots croisés. Tous les mots à découvrir sont dans le chapitre.

1 Grand espace blanc sur lequel on projette les films.

2 Lieu de culte pour les catholiques.

3 Le jour de la semaine où on ne travaille pas.

4 La pièce où la cuisinière prépare les repas.

5 Quand il est noir, il est illégal.

6 Une tranche de pain sur laquelle on met du pâté, du beurre, de la confiture.

7 Elle tombe en hiver, quand il fait très froid.

8 Figure géométrique que l'on trace avec un compas.

Production écrite et orale

4 **DELF** Le Père Jean commet une injustice, car il punit seulement Joseph. Avez-vous le sentiment d'avoir été une fois victime d'une injustice de ce type, d'être le seul puni alors que d'autres avaient commis la même faute que vous ? Racontez.

Louis Malle et le cinéma

Au cours de sa longue carrière, Louis Malle a tourné plus de vingt films et une dizaine de documentaires. Certains ont marqué l'histoire du cinéma français, et ont fait de lui un des plus grands réalisateurs du vingtième siècle.

Quelques films

Le monde du silence (1956)

Louis Malle a 20 ans et il est étudiant à l'IDHEC (Institut Des Hautes Études Cinématographiques) quand on lui propose d'assister le commandant Cousteau pour le tournage d'un film sous la mer. Ce sera *Le monde du silence*.

Avant d'embarquer, Louis Malle doit naturellement suivre un stage de plongée sous-marine, et se familiariser avec des techniques de tournage particulières.

Le monde du silence est tourné à bord de la Calypso, le navire de recherche sous-marine du commandant Cousteau. C'est le deuxième documentaire sous-marin en couleur, après *Sesto continente* de l'italien Folco Quilici.

L'équipe du commandant Cousteau est formée de 12 plongeurs, de l'équipage, mais aussi d'hommes de science chargés de mener à bien des recherches précises.

Le film a été récompensé au festival de Cannes de 1956, pour la beauté des images et pour les prouesses techniques du tournage.

Aujourd'hui, *Le monde du silence* est fortement critiqué, en particulier par les écologistes et les défenseurs de la nature. On y voit en effet

le commandant Cousteau et son équipe se prêter à des gestes qui sont tout à fait en contradiction avec le respect de la nature. Par exemple, ils font exploser à la dynamite des récifs de coraux pour « faire l'inventaire de toutes les espèces vivantes ».

Zazie dans le métro (1960)

Adapté d'un roman de Raymond Queneau, le film raconte la folle journée d'une petite fille, Zazie et de son oncle Gabriel interprété par Philippe Noiret. Zazie arrive de province et vient pour la

Zazie au restaurant.

première fois à Paris. Elle n'a qu'un désir : prendre le métro. Mais le métro est en grève ! Voici alors Zazie et son oncle entraînés dans une série d'aventures endiablées, loufoques et poétiques.

Lacombe Lucien (1973)

Il a marqué un véritable tournant dans la filmographie sur la Seconde Guerre mondiale. En effet, avant ce film, les réalisateurs avaient tendance à glorifier la résistance, et à oublier la France de Vichy. *Lacombe Lucien* montre l'autre France, celle des miliciens et des collaborateurs.

Lucien Lacombe est un jeune paysan de 17 ans qui vit dans le sud-ouest de la France. Nous sommes en 1944, toute la France est occupée,

L'acteur Pierre Blaise était un bûcheron.

les Juifs sont persécutés, les résistants préparent le débarquement des alliés. Lucien demande à son ancien instituteur, qui est résistant, d'entrer lui aussi dans le maquis. Mais l'instituteur refuse. Alors qu'il rentre chez lui la nuit, Lucien est arrêté par la milice pour un contrôle. Il dénonce son instituteur, et devient lui aussi milicien.

Ce film montre comment un jeune garçon « choisit » le camp des collaborateurs, le camp du mal, sans conviction, uniquement par opportunité.

Pierre Blaise, qui interprète le rôle principal, n'avait jamais tourné auparavant : il était bûcheron. Il est mort deux ans après le tournage du film dans un accident de voiture.

Milou en mai (1989)

Milou est un sexagénaire qui mène une vie tranquille auprès de sa mère, dans un village de province. Quand sa mère meurt, toute la famille se réunit pour la préparation des obsèques. Les enfants et les petits-enfants de la défunte se disputent l'héritage, alors qu'à Paris, la révolte des étudiants de mai 68 commence à gronder.

Compréhension écrite

1 Écrivez à quel film ou à quel personnage correspondent les phrases suivantes.

Phrase	Film / Personnage
1 Elle veut absolument prendre le métro.	....
2 Il entre dans la collaboration parce qu'on n'a pas voulu de lui dans la Résistance.	....
3 Il doit réunir sa famille pour l'enterrement de sa mère.	....
4 Il était bûcheron avant de devenir acteur.	....
5 C'est le commandant de la Calypso.	....
6 Il fait visiter Paris à sa nièce.	....
7 L'histoire de ce film se passe en mai 1968.	....
8 Ce film a suscité un scandale et a poussé Louis Malle à quitter la France.	....

2 **Choisissez la bonne réponse.**

1 *Le monde du silence* est
   a ☐ un film d'horreur.
   b ☐ un film d'amour.
   c ☐ un documentaire.

2 *Zazie dans le métro* se passe
   a ☐ pendant mai 68.
   b ☐ avant mai 68.
   c ☐ après mai 68.

3 Lucien Lacombe est
   a ☐ un résistant.
   b ☐ un instituteur.
   c ☐ un collaborateur.

4 Milou est
   a ☐ une petit fille.
   b ☐ un homme de 60 ans.
   c ☐ une femme très âgée

5 Le film *Milou en mai* se passe
   a ☐ à Paris.
   b ☐ dans une petite ville de province.
   c ☐ à l'étranger.

6 Au cours de sa carrière, Louis Malle a tourné
   a ☐ autant de documentaires que de films.
   b ☐ plus de documentaires que de films.
   c ☐ moins de documentaires que de films.

Avant de lire

1 Les mots suivants sont utilisés dans le chapitre 8. Associez chaque mot à l'image correspondante.

a	Un tiroir	**d**	Une pile de livres
b	Des drapeaux	**e**	Le toit
c	Un manteau	**f**	Une valise

2 Associez chaque expression à la définition correspondante.

1	☐	À l'abri	**a**	Très fort
2	☐	Aux éclats	**b**	Il ne peut résister
3	☐	La contre aérienne	**c**	En sécurité
4	☐	Il scrute	**d**	Il le regarde sans baisser les yeux
5	☐	Il ne peut s'empêcher de	**e**	Les armes qui tirent contre les avions
6	☐	Encadrés par	**f**	Il regarde très attentivement
7	☐	Il soutient son regard	**g**	Entourés par

Au revoir, les enfants...

ulien et Bonnet aiment se retrouver seuls pour parler des livres qu'ils lisent, de leur avenir.

piste 14

Un après-midi, ils se retrouvent dans la salle de musique. Bonnet joue un boggie-woogie au piano, Julien l'observe.

— C'est facile, tu dois faire comme ça avec la main gauche, lui montre Bonnet.

Mais le bruit assourdissant des sirènes couvre leurs voix.

— Une alerte ! Faut aller à l'abri ! dit Bonnet.

Mais Julien entraîne son ami derrière le piano, ils restent cachés, le temps que tous les pensionnaires descendent dans la cave. Pendant que les sirènes hurlent et que les bombes tombent autour de la petite ville, les deux amis jouent du piano à quatre mains. Ils rient aux éclats, ils ont oublié la guerre. Puis ils sortent dans la cour enneigée[1]. Le collège semble abandonné. Les bruits des bombardiers alliés s'éloignent, et les rafales[2] de la contre aérienne allemande s'atténuent.

— Qu'est-ce que tu vas faire quand la guerre sera finie ? Tu vas rester au collège ? demande Julien.

— Je ne sais pas... dit Bonnet, tout tremblant.

— Tu as peur ? lui demande Julien.

— Oui, tout le temps, dit Bonnet.

Puis ils rentrent dans la cuisine, au chaud. Tout à coup, ils entendent un bruit et se cachent vite sous la table. C'est Joseph. Il cherche quelque chose dans un tiroir. Julien sort de sa cachette[3], et lui demande :

— Qu'est-ce que tu fais là, Joseph ?

— J'ai oublié des affaires ! Et il part en boitant.

Quelques jours plus tard, au début du cours de mathématique, Monsieur Guibourg explique à ses élèves la situation de la guerre. Sur la carte d'Europe, il a mis des petits drapeaux, pour bien montrer l'évolution des événements.

— Les Russes on lancé une grande offensive contre les Allemands, explique-t-il, avant de commencer son cours.

Tout à coup, un soldat allemand, suivi par un homme en civil, entre dans la classe. L'homme se présente à Monsieur Guibourg :

— Doktor Muller, Gestapo de Melun.

Puis il se tourne vers les élèves, et demande.

— Lequel d'entre vous s'appelle Jean Kippelstein ?

Les élèves se regardent entre eux. Julien baisse les yeux.

Monsieur Guibourg intervient :

---

1. **enneigé** : recouvert de neige.
2. **une rafale** : ici, un coup répété.
3. **une cachette** : l'endroit où on cache quelque chose.

— Il n'y a personne de ce nom dans la classe.

Muller marche dans la classe, il scrute le visage de chaque enfant. Quand il voit la carte d'Europe, il arrache les drapeaux russes et américains. Julien ne peut s'empêcher de regarder Bonnet, une fraction de seconde. Mais Muller intercepte ce regard. Il va vers devant Bonnet. Bonnet soutient son regard un long moment, puis il range ses livres et ses cahiers, et va au fond de la classe prendre son manteau et son béret. Le soldat allemand le pousse violemment hors de la classe.

— Ce garçon n'est pas un Français, c'est un Juif ! Vos maîtres l'ont caché, et ils ont commis une faute très grave. Le collège est fermé. Vous avez deux heures pour faire vos bagages et vous mettre en rangs[4], dit-il avant de sortir.

Les enfants sont effrayés, ils ne comprennent pas ce qui est en train de se passer.

— Calmez-vous ! leur dit le Père Michel. Ils ont arrêté le Père Jean. Nous avons été dénoncés.

Julien demande :

— Et Bonnet ?

— Bonnet, Dupré et Lafarge sont israélites, le Père les a recueillis parce que leur vie était en danger. Vous allez monter au dortoir faire votre valise. Avant, disons une prière pour le Père Jean et vos camarades.

Les jeunes garçons font leurs valises et parlent entre eux à voix basse.

— Ils ont trouvé des tracts[5] de la Résistance dans le bureau du Père Jean.

---

4. **en rangs** : alignés deux par deux.
5. **des tracts** : des feuilles pour faire de la propagande.

Puis les enfants descendent dans la cour. Julien n'a pas fini sa valise, il est encore dans le dortoir quand Bonnet entre, suivi par un soldat. Il va vers son casier[6], et rassemble ses affaires. Quand il passe à côté de Julien, il lui souffle rapidement :

— T'inquiète pas, ils m'auraient eu de toute façon. Puis il lui donne une pile de livres.

— Prends-les, je les ai tous lus.

Le soldat allemand hurle « Schnell Jude ! ». Bonnet ferme sa valise et le suit.

Négus qui s'était caché à l'infirmerie, a été capturé lui aussi. Seul Moreau a réussi à s'enfuir par le toit du collège.

Julien descend vers la cour, pour rejoindre ses camarades. Il voit Joseph, en compagnie d'un soldat allemand.

Julien l'interpelle :

— Joseph !

— C'est un ami, dit Joseph à l'Allemand, prêt à sortir son arme.

— Mais qu'est-ce que tu fais ? demande Julien.

— Tu vas rentrer chez toi, t'es pas content ? réplique Joseph.

Julien le regarde fixement, horrifié par ce qu'il a découvert.

— T'en fais pas, c'est que des Juifs ! dit Joseph.

Julien recule, effaré. Mais Joseph le retient :

— Tout ça c'est de votre faute ! C'est avec vous que je faisais des affaires, on devait pas me mettre à la porte.

Julien se dégage et s'enfuit vers la cour.

Il entend Joseph qui lui crie :

— C'est la guerre mon vieux.

Tous les pensionnaires sont alignés dans la cour.

Un soldat allemand fait l'appel et vérifie les papiers. Il dit :

---

6.   **un casier** : une petite armoire.

— Nous ne sommes pas vos ennemis. Nous devons débarrasser la France des Juifs.

À ce moment, le Père Jean apparait dans la cour avec Bonnet, Négus et Dupré. Ils sont encadrés par des soldats allemands.

Au moment de quitter le collège, il se retourne et crie très fort :

— Au revoir, les enfants...

Un élève répond :

— Au revoir, mon Père.

— Au revoir, mon Père, crient tous les autres enfants.

Un soldat bouscule le Père Jean pour l'obliger à marcher.

« Bonnet, Négus et Dupré sont morts à Auschwitz, le Père Jean au camp de Mauthausen. Plus de quarante ans ont passé, mais jusqu'à ma mort je me rappellerai chaque seconde de ce matin de janvier. »

Après la lecture

Compréhension écrite et orale

1 **DELF** Écoutez l'enregistrement et lisez le chapitre, puis terminez les phrases suivantes.

1   Pendant le bombardement, Julien et Bonnet ne descendent pas à la cave, mais ils ....

2   Le collège semble abandonné parce que ....

3   Dans la cuisine ils trouvent ....

4   Pendant le cours de mathématiques, ... entrent dans la classe.

5   Ils cherchent ....

6   Julien trahit son camarade Bonnet parce que ....

7   Bonnet est arrêté parce que ....

8   Muller ordonne la fermeture du collège parce que ....

9   Dans le dortoir, Bonnet rassure Julien, il lui dit que ....

10 C'est Joseph qui a ....

11 Le Père Jean, Bonnet, Négus et Dupré vont mourir ....

12 Cette histoire n'est pas une fiction, c'est un souvenir d'enfance de ....

2 Écoutez de nouveau l'enregistrement du chapitre et cochez les phrases que vous entendez. Puis corrigez les erreurs de transcription de ces phrases.

1   ☐   Un après-midi, ils se rencontrent dans la salle de musique.

2   ☐   Mais Julien emmène son ami derrière le piano.

3   ☐   « Tu as peur ? » Lui demande Julien. « Oui, souvent dit Bonnet ».

4   ☐   Il cherche quelque chose dans un tiroir.

5   ☐   Il a mis des petits drapeaux.

6   ☐   « Lequel parmi vous s'appelle Jean Kippelstein ? »

7   ☐   Julien ne peut s'empêcher de se tourner vers Bonnet.

8   ☐   « Nous avons été dénoncés ».

9 ☐ Puis les enfants se rendent dans la cour.

10 ☐ « T'inquiète pas, ils m'auraient eu de toute façon ».

11 ☐ « Tout ça c'est de leur faute ».

12 ☐ Plus de trente ans ont passé.

Grammaire

Le futur proche

On emploie très souvent ce gallicisme à la place du futur, pour indiquer un futur proche, mais aussi lointain.

Le futur proche se forme avec le verbe **aller** + **infinitif**.

*Qu'est-ce que tu **vas faire** ? Tu **vas rester** au collège ?*

3 Mettez les verbes entre parenthèses au futur proche.

1 Le week-end prochain, nous (*visiter*) .... le parc Astérix.

2 Où est-ce que tu (*s'inscrire*) .... après ton bac ?

3 Tu sais ce que tes amis (*t'offrir*) .... pour ton anniversaire ?

4 Ce soir, je (*regarder*) .... un film de Louis Malle à la télé.

Production écrite et orale

4 À votre avis, pourquoi Joseph a-t-il dénoncé le Père Jean ? Dans ce qu'il dit à Julien pour se justifier, quel argument vous semble le plus terrible ?

5 Est-ce que Bonnet pense que Julien est responsable de son arrestation ? Justifiez votre réponse à partir du texte.

6 **DELF** Que savez-vous sur les camps d'Auschwitz et de Mauthausen ? Pensez-vous que de telles horreurs peuvent se répéter ?

7 **DELF** Vous venez de terminer ce livre. À votre tour, racontez un souvenir (triste, comique ou effrayant) qui a marqué votre enfance.

1 Remettez les dessins dans l'ordre chronologique de l'histoire.

2 Dites à quel(s) personnage(s) de l'histoire se rapportent les affirmations suivantes.

	Julien	François	Bonnet	Joseph	Le père Jean
1 En réalité il s'appelle Jean Kippelstein.					
2 Il cache des enfants Juifs pour les sauver.					
3 Il voudrait connaitre le secret de son nouveau copain.					
4 Il se procure des cigarettes au marché noir.					
5 Tous les enfants se moquent de lui.					
6 Il adore lire.					
7 Il choisit de collaborer avec les Allemands.					
8 Il joue très bien du piano.					

3 Répondez à ces questions de civilisation. Citez…

1   deux films de Louis Malle consacrés à la Seconde Guerre mondiale.
2   un film mettant en scène une petite fille qui veut prendre le métro.
3   le nom de la ville où s'installe le gouvernement après l'armistice de Juin 1940.
4   le nom de l'homme qui de Londres a appelé les Français à résister et à se battre contre les Allemands.
5   le titre du premier documentaire auquel Louis Malle a participé.
6   deux récompenses que des cinéastes et des acteurs peuvent recevoir aux festivals du cinéma, en Europe ou aux États-Unis.

Les structures grammaticales employées dans les lectures graduées sont adaptées à chaque niveau de difficulté. Tu peux trouver sur notre site Internet, blackcat-cideb.com, la liste complète des structures utilisées dans la collection.

L'objectif est de permettre au lecteur une approche progressive de la langue étrangère, un maniement plus sûr du lexique et des structures grâce à une lecture guidée et à des exercices qui reprennent les points de grammaire essentiels.

Cette collection de lectures se base sur des standards lexicaux et grammaticaux reconnus au niveau international.

Niveau Deux A2

Adjectifs indéfinis, ordinaux
Adverbes de fréquence, de lieu
Comparatif
Complément du nom
Conditionnel de politesse
Futur proche
Il faut + infinitif
Impératif négatif
Indicatif : passé composé, imparfait, futur
Négation complexe

Participe passé
Passé récent
Prépositions de lieu, de temps
Présent progressif
Pronoms « on », personnels compléments, interrogatifs composés, relatifs simples
Réponses : *oui, si, non, moi aussi, moi non plus*
Verbes
Y / En

Niveau Deux
Si tu as aimé cette lecture, tu peux essayer aussi...

- *Deux ans de vacances*, de Jules Verne
- *Le Petit Prince*, d'Antoine de Saint-Exupéry
- *La guerre des boutons*, de Louis Pergaud

Niveau Trois
...ou tu peux choisir un titre du niveau suivant !

- *Germinal*, d'Émile Zola
- *Les Trois Mousquetaires*, d'Alexandre Dumas père
- *Voyage au centre de la Terre*, de Jules Verne